Este libro es dedicado a mis hijos- Mikey, Kobe y Jojo.

Copyright © Grow Grit Press LLC. Todos los derechos reservados. Ninguna parte de este libro puede ser reproducida en ninguna forma sin el permiso por escrito de la editorial. Por favor, envie solicitudes de pedido al por mayor a info@ninjalifehacks.tv Impreso y encuadernado en los Estados Unidos. NinjaLifeHacks.tv
Paperback ISBN: 978-1-63731-480-7   Hardcover ISBN: 978-1-63731-481-4

El Ninja Perezoso

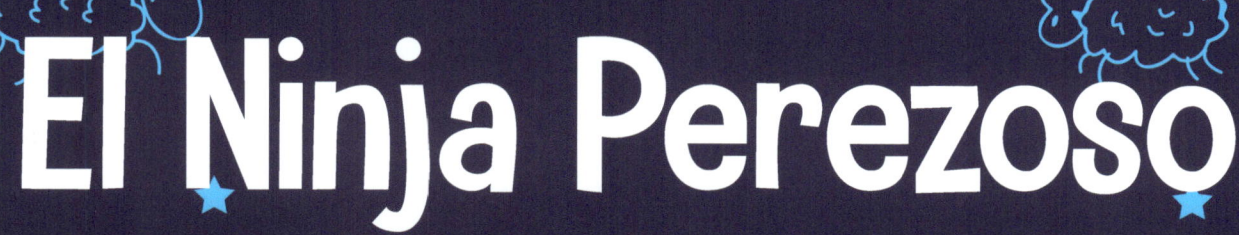

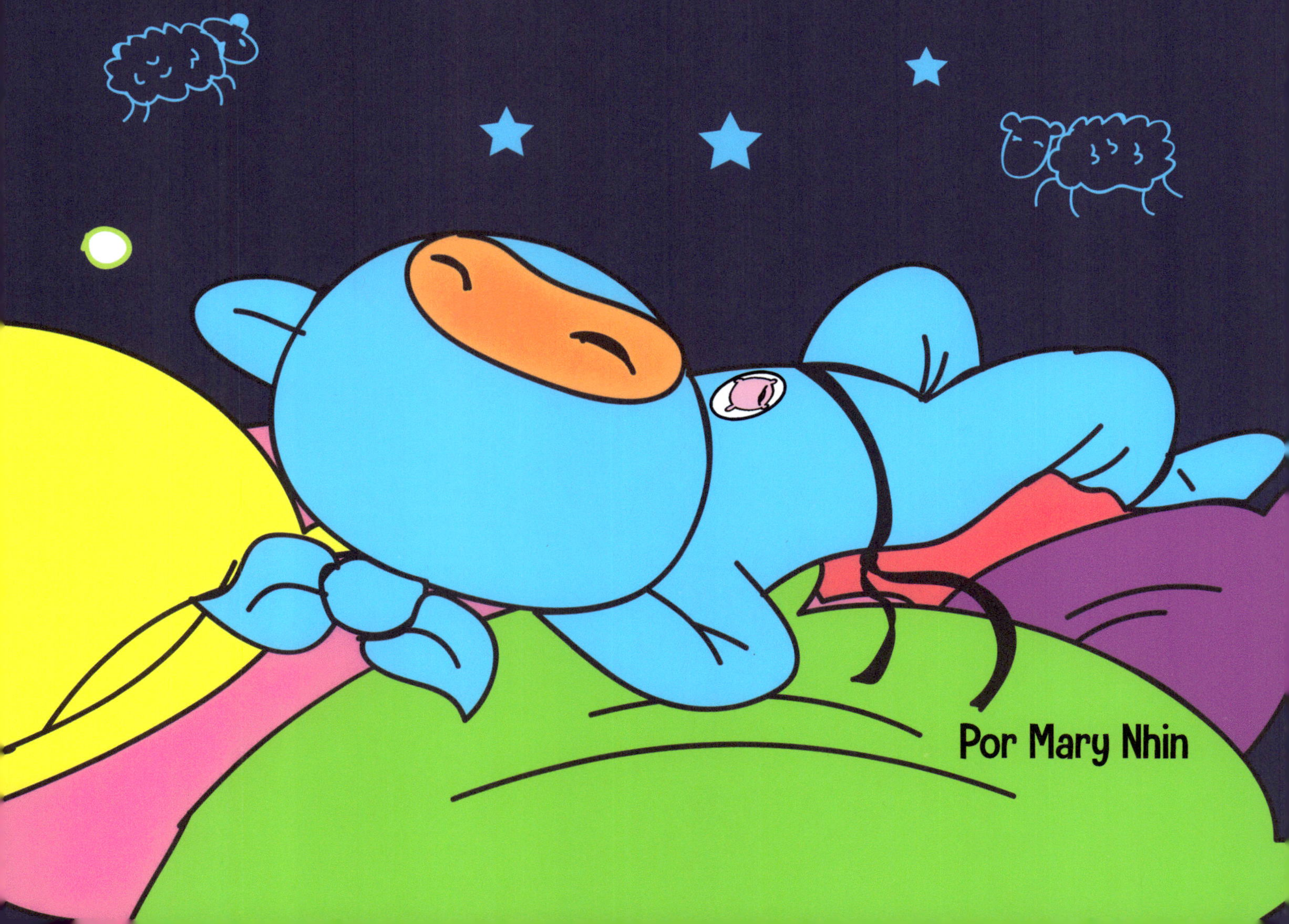

Por Mary Nhin

El viernes por la mañana, todos mis amigos se dirigían a jugar dodgeball.

Me pidieron que viniera, pero dije que... No.

En lugar de eso...

Me quedé en mi cuarto jugando video juegos.

Cuando todos se dirigían a una pelea de limo y me pidieron que me uniera. Yo les respondí... no lo creo.

En lugar de eso...

Miré la televisión.

El miércoles, cuando mis amigos me pidieron que jugara al fútbol, yo les respondí... No.

En lugar de eso...

Preferí tomar una siesta en el sofá.

No estaba seguro sobre la estrategia la Ninja Inventora, pero decidí intentarlo de todos modos.

Luego, la Ninja Inventora sugirió que creáramos algo divertido para la fiesta de cumpleaños la Ninja Gruñona de esa noche.

¡El ser creativo nos ayuda a salir de la rutina!

Disfrutamos de un aperitivo y hablamos de lo que planeamos hacer cuando creciéramos.

Era hora de que la Ninja Inventora se fuera, pero esperábamos encontrarnos más tarde en el fiesta.

Después, me estaba preparando para ver el siguiente episodio de la *Serie de los Ninja* cuando recordé que la fiesta comenzaba a las 5 pm.

¿Y sabes qué hice después?

Me puse mis zapatos,
los até,
y me fui a la fiesta.

Está bien sentirse perezoso a veces. Todos necesitamos descansar, pero si te quedas atascado en una rutina, ¡debes saber que hay una salida!

¡Visita ninjalifehacks.tv para obtener imprimibles divertidos gratis!

 @marynhin   @officialninjalifehacks
#NinjaLifeHacks

 Mary Nhin   Ninja Life Hacks

 Ninja Life Hacks

 @officialninjalifehacks